Filosofia para crianças

De criança para crianças

Era uma vez!

A verdadeira riqueza!

História para colorir!

Por: Bernardo Octaviano Pereira

Este livro pertence a:

____

Eu dedico essa obra, primeiramente para os meus pais que eu tanto amo, para minhas professoras, para minhas tias de coração e para todos os meus amigos, Deus que abençoe a todos infinitamente!

Bernardo Octaviano Pereira

20/03/2024

Era uma vez, em uma escolinha perto daqui, onde duas crianças conversavam, uma riquinha e o outro bem humilde;

A rica falava para a outra que tinha uma casa enorme, era uma mansão com um grande jardim na frente, que sua piscina era enorme, seu carro luxuoso um dos mais caros;

E a outra criança que morava em um barraco na periferia da cidade, de cabeça baixa, só escutava com a tristeza estampada no rosto, o que a outra criança falava;

Foi quando um professor que escutava a conversa das crianças, falou para elas;

A verdadeira riqueza, explicou o professor, não está apenas em acumular bens materiais ou ter muito dinheiro para comprar coisas caras.

A verdadeira riqueza esta em viver bem com o que se tem, encontrar alegria nas pequenas coisas, e apreciar o que a vida oferece em qualquer circunstância.

Você pode ter
uma mansão,
mais ele pode ver
as estrelas
olhando para o
teto, você pode
ter um jardim
enorme na frente
da sua casa,

mais ele tem uma mata em volta da sua casa, você pode ter uma piscina gigante,

mais ele
tem um
rio que
passa
perto da
sua casa,

*você pode ter
um carro novo,
dos mais caros,
mais ele pode
pegar vários
ônibus que
passa na porta
da sua casa;*

A verdadeira riqueza não é ter muito dinheiro, para poder comprar tudo do mais caro, mais viver bem com o que se tem, a verdadeira riqueza é viver bem onde você está, a riqueza esta onde você é feliz.

Essa história nos lembra que a riqueza real não é medida pelo que está na nossa mão, mas sim pelo contentamento e gratidão que cultivamos em nossos corações.

Fim!